BEI GRIN MACHT SICH IH... WISSEN BEZAHLT

- Wir veröffentlichen Ihre Hausarbeit, Bachelor- und Masterarbeit

- Ihr eigenes eBook und Buch - weltweit in allen wichtigen Shops

- Verdienen Sie an jedem Verkauf

Jetzt bei www.GRIN.com hochladen und kostenlos publizieren

Nils Zakierski, Henri Gausepohl

IT Compliance. Schikane durch Regulatoren oder Chance für Wettbewerbsvorteile und wirksamer Schutz von Unternehmensdaten?

GRIN Verlag

Bibliografische Information der Deutschen Nationalbibliothek:

Die Deutsche Bibliothek verzeichnet diese Publikation in der Deutschen National-
bibliografie; detaillierte bibliografische Daten sind im Internet über http://dnb.d-
nb.de/ abrufbar.

Impressum:

Copyright © 2013 GRIN Verlag GmbH
Druck und Bindung: Books on Demand GmbH, Norderstedt Germany
ISBN: 978-3-656-58563-3

Dieses Buch bei GRIN:

http://www.grin.com/de/e-book/267690/it-compliance-schikane-durch-regulatoren-
oder-chance-fuer-wettbewerbsvorteile

IT-Compliance: Schikane durch Regulatoren oder Chance für Wettbewerbsvorteile und wirksamer Schutz von Unternehmensdaten?

Seminararbeit

eingereicht am
Lehrstuhl für Betriebswirtschaftslehre,
insb. Wirtschaftsinformatik und Informationsmanagement
Fachbereich Wirtschaftswissenschaften

Goethe-Universität Frankfurt am Main

von

Nils Zakierski (Kapitel 2)

und Henri Gausepohl (Kapitel 3)

Inhaltsverzeichnis

Abkürzungsverzeichnis III

1 IT-Compliance 1
  1.1 Einführung in das Thema IT-Compliance 1
  1.2 Motivation 2
  1.3 Gliederung der Seminararbeit 2

2 Wettbewerbsvorteile durch IT-Compliance 3
  2.1 Motivation 3
  2.2 Grundlagen 3
      2.2.1 IT-Governance 3
      2.2.2 COBIT 4
      2.2.3 ITIL 5
  2.3 Analyse der IT-Compliance hinsichtlich Wertbeitrag 6
      2.3.1 Internes Kontrollsystem 7
      2.3.2 Wertbeitrag und Relevanz von richtiger IT-Governance 8
      2.3.3 Wertbeitrag durch COBIT 9
      2.3.4 Wertbeitrag durch ITIL 11
      2.3.5 Wertbeitrag durch Dokumentationspflicht 11
  2.4 Fazit 12

3 Gefahr durch Wirtschaftskriminalität 13
  3.1 Motivation 13
  3.2 Grundlagen 15
      3.2.1 Allgemeine Grundlagen 15
      3.2.2 Zertifizierung von IT-Compliance-Standards 16
      3.2.3 Sicherheitslücken und Wirtschaftskriminalität 16
  3.3 IT-Compliance Standards 17
      3.3.1 International Organization for Standardization (ISO 2700X) 18
      3.3.2 IT-Grundschutz 20
      3.3.3 Gemeinsamkeiten und Unterschiede zwischen ISO 2700X & IT-Grundschutz.. 21
  3.4 Schutz von Unternehmensdaten & Einwände gegen IT-Compliance-Standards 21
  3.5 Fazit 23

4 Zusammenfassung 24

Literaturverzeichnis 26

Abkürzungsverzeichnis

APO:	Align, Plan and Organise
BAI:	Build, Acquire and Implement
BilMoG:	Bilanzrechts-Modernisierungs-Gesetz
BSI:	Bundesamt für Sicherheit in der Informationstechnologie
CEO:	Chief Executive Officer
CIO:	Chief Information Officer
COBIT:	Control Objectives for Information and Related Technology
CSI:	Continual Service Improvement
DSS:	Deliver, Service and Support
EDM:	Evaluate, Direct and Monitor
GDPdU :	Grundsätze zum Datenzugriff und zur Prüfbarkeit digitaler Unterlagen
IKS:	Internes Kontrollsystem
ISMS:	Informations-Sicherheits-Management-System
ISO:	International Organization for Standardization
IT:	Informationstechnologie
ITGI:	IT Governance Institute
ITIL:	IT Infrastructure Library
KonTraG:	Gesetz zur Kontrolle und Transparenz im Unternehmensbereich
MaRisk:	Mindestanforderungen an das Risikomanagement
MEA:	Monitor, Evaluate and Assess
OECD:	Organisation for Economic Co-operation and Development
ROI:	Return on Investment
SD:	Service Design
SLA:	Service Level Agreement
SO:	Service Operation
SOX:	Sarbanes-Oxley Act
SS:	Service Strategy
ST:	Service Transition

1   IT-Compliance

Diese Seminararbeit setzt sich mit dem Thema IT-Compliance auseinander. Speziell werden im Verlauf dieser Seminararbeit die Themen Wertschöpfung und das Thema Sicherheit in Bezug auf IT-Compliance behandelt.

1.1   Einführung in das Thema IT-Compliance

Die IT-Compliance ist im Zusammenhang mit Unternehmen einzuordnen. Hierbei stammt das Wort Compliance von der Corporate Compliance (Klotz/Dorn 2008). Compliance beinhaltet die Einhaltung von Vorgaben und Normen und verpflichtet zu verantwortungsvoller Unternehmensführung (Teubner/Feller 2008). Anzusiedeln ist die IT-Compliance als Bestandteil der IT-Governance, welche eine Möglichkeit für die Geschäftsführung darstellt, Informationstechnologie (IT) strategisch zu planen und zu koordinieren (Teuteberg 2012).

Das IT-Riskmanagement besitzt eine Schnittmenge mit der IT-Compliance. Diese beruht auf identischer Zielsetzung in Bezug auf das Identifizieren und Minimieren von Risiken in Unternehmen. Risiken entstehen durch den Einsatz von Informationstechnologie (Klotz/Dorn 2008).

IT-Compliance beinhaltet verschiedene Direktiven beziehungsweise regulatorische Vorgaben. Diese setzen sich zusammen aus (Klotz/Dorn 2008):

1. Regulatorische Vorgaben, Rechtsnormen beziehungsweise Verordnungen

2. Unternehmensexterne auf IT bezogene Regelwerke (Standards)

3. Verträge und Service Level Agreements (SLAs)

4. Unternehmensinterne Regelwerke

Regulatorische Vorgaben sind Gesetze und Verordnungen, die von staatlichen Institutionen erlassen werden. Diese können rechtskräftig sanktioniert werden. Beispiele hierfür werden im Verlauf der Seminararbeit noch näher erläutert. Standards beziehungsweise Unternehmensexterne auf IT bezogene Regelwerke sind Zusammenstellungen wiederkehrender Anwendungen, Regeln und Leitlinien die normativen Charakter besitzen (Deutsches Institut für Normung e. V. 2007).

Verträge oder SLAs stellen Vereinbarungen zwischen Unternehmen und Kunden oder Lieferanten dar. Diese Kontrakte beruhen auf unternehmensinternen Regelwerken und beschreiben Verfahrensanweisungen für betriebsinterne Handlungen (Teubner/Feller 2008).

1.2 Motivation

Das Thema IT-Compliance gewinnt in den letzten Jahren für Unternehmen durch die Zunahme der regulatorischen Vorgaben, seitens des Gesetzgebers, tagtäglich an Relevanz. Staatlichen Direktiven sollten innerbetrieblich so umgesetzt werden, dass ein möglichst positiver Nutzen entsteht. Durch kosteneffiziente Umsetzung und den Aufbau eines konsequenten Sicherheitssystems für den Schutz von Unternehmensdaten kann Wettbewerbsfähigkeit gewährleistet werden. Die Richtlinien so umzusetzen, dass dabei ein Wertbeitrag für den Unternehmenserfolg entsteht, ist das normative Ideal.

1.3 Gliederung der Seminararbeit

Die Seminararbeit behandelt das Thema IT-Compliance. In diesem Zusammenhang wird sich mit Wettbewerbsvorteilen und Informationssicherheit auseinandergesetzt. Der erste Teil (Kapitel 2) handelt von IT-Compliance im Zusammenhang mit der IT-Governance. Zunächst wird IT-Governance definiert und erläutert. Weiterhin werden die Standards ITIL und COBIT vorgestellt. Es folgt eine Analyse des internen Kontrollsystems und der vorgestellten Standards. Das Hauptaugenmerk liegt auf dem geleisteten Wertbeitrag durch die IT-Compliance. Dabei wird ebenfalls auf die Dokumentationspflicht eingegangen.

Der zweite Teil (Kapitel 3) setzt sich mit dem Thema Informationssicherheit im Zusammenhang mit IT-Compliance auseinander. Im Verlauf dieses Kapitels werden zunächst Begrifflichkeiten erläutert, die für eine Auseinandersetzung mit der Sicherheitsthematik wichtig sind. Unter anderem wird dabei auf gesetzliche Richtlinien und Forderungen nach Datensicherheit eingegangen. Die beiden IT-Compliance-Standards ISO 2700X und der IT-Grundschutz werden im Anschluss vorgestellt. Abschließend werden verschiedene empirische Studien und wissenschaftliche Literatur herangezogen, um die Wirksamkeit von IT-Compliance-Standards in Bezug auf Informationssicherheit zu untersuchen.

2 Wettbewerbsvorteile durch IT-Compliance

2.1 Motivation

Die IT ist heutzutage in Unternehmen die treibende Kraft der Geschäftstätigkeiten. Sicherheit, Verfügbarkeit und Fehlerfreiheit müssen auf Grund der hohen Abhängigkeit der Unternehmen jedoch auch gewährleistet werden (Hardy 2006/Böhm 2008). Diese Eigenschaften sicherzustellen ist Ziel der zunehmenden Regulierung durch den Staat und verschiedener Standards („Frameworks").

Die anfallenden Kosten durch diese „IT-Compliance", beispielsweise der Anpassung an den Sarbanes-Oxley Act (SOX) werden durch verschiedene Studien (Glaum et al. 2006, Ponemon/Tripwire 2011) im Schnitt auf über 1 Million Euro beziffert. Somit müssen Unternehmen in ihrer Funktion als erwerbswirtschaftlicher Betrieb (Gutenberg 1990) versuchen, zunächst diese Kosten zu minimieren. Ein weiteres Ziel ist es, aus dieser „Investition" einen positiven Effekt auf die Performance der IT abzuleiten. Inwieweit die Einhaltung der Direktiven und Frameworks einen Wertbeitrag zum Unternehmenserfolg beitragen kann, ist Ziel dieser Seminararbeit.

Auf Grund der Komplexität der Direktiven ist mit verschiedenen Standards die Möglichkeit gegeben, eine IT-Abteilung/Organisation umzustrukturieren beziehungsweise eine IT-Compliance herzustellen. In diesem Zusammenhang wird COBIT und ITIL näher betrachtet werden. Es stellt sich hierbei die Frage, wie diese beiden Standards im Besonderen einen Wertbeitrag leisten können. Auch Pflichten in Bezug auf die Einrichtung und Umsetzung eines internen Kontrollsystems (IKS), die sich aus dem SOX oder dem „Bilanzrechtsmodernisierungsgesetz" (BilMoG) ergeben, werden auf ihre Wertbeiträge geprüft. Dies kann dazu führen, dass der Fokus anhand der gewählten Beispiele mehr auf die Finanzindustrie gerichtet wird. Es bedeutet jedoch nicht, dass IT-Compliance in anderen Industrien weniger relevant ist.

2.2 Grundlagen

Im folgenden Kapitel werden die IT-Governance und nachfolgend zwei in der Praxis häufig angewandte Standards (Klotz 2009) der IT-Compliance vorgestellt.

2.2.1 IT-Governance

Die IT-Governance ist Bestandteil der Corporate Governance und befindet sich, wie bereits erwähnt, in Zusammenhang mit IT-Risikomanagement und IT-Compliance.

Da die Literatur bei dieser Thematik keiner einheitlichen Definition folgt, findet die folgende IT-Governance Begriffsbestimmung des „IT Governance Institute" (2013) Verwendung:

"IT governance is the responsibility of the board of directors and executive management. It is an integral part of enterprise governance and consists of the leadership and organisational structures and processes that ensure that the organisation's IT sustains and extends the organisation's strategies and objectives."

Somit liegt die IT-Governance in der Verantwortung der Geschäftsführung und ist eingebettet in die Corporate Governance. Sie beinhaltet eine normative Ausrichtung hinsichtlich der Strukturen und Prozesse in der Unternehmens-IT, welche eine Aufrechterhaltung der IT und deren Umsetzung als Organisationsstrategie zum Inhalt hat.

In der wissenschaftlichen Literatur wird empfohlen, IT-Governance und insbesondere IT-Compliance auf Top-Management-Ebene zu besprechen. (OECD 2004, Hardy 2006, Klinger/Cuske 2008) IT-Compliance in diesem Zusammenhang ist, wie erläutert, ein regulatives Ideal, welches normativen Charakter besitzt (Klotz/Dorn 2008). Diese kann mit Hilfe verschiedener Standards erreicht werden.

2.2.2 COBIT

„Control Objectives for Information and related technology" (COBIT) ist einer dieser Standards. Die „Information Systems Audit and Control Association" (ISACA), der Herausgeber der COBIT, ist eine Organisation von IT-Auditoren. Im Jahr 1969 gegründet, entwickelte diese das erste COBIT im Jahr 1996. COBIT offeriert eine Möglichkeit für Unternehmen jedweder Größe Investitionen in IT zu optimieren, sowie ein Unterstützungswerkzeug zur Beibehaltung einer IT-Compliance (Hardy 2006). Das Minimieren von IT-Risiken und das Verwalten von IT-Prozessen ist ebenfalls erläutert und wird durch Anwendungsanweisungen ergänzt. COBIT gilt somit als Referenzmodell für die IT-Governance (Stawinski/Stawinski 2011).

COBIT beinhaltet auch in der aktuellen Version COBIT 5 ein Prozessreferenzmodell, wobei es grundsätzlich zwei Arten von Prozessen unterscheidet: Managementprozesse und Governanceprozesse. Die Managementprozesse werden in vier Bereiche gegliedert:

1. Align, Plan and Organise (APO)

2. Build, Acquire and Implement (BAI)

3. Deliver, Service and Support (DSS)

4. Monitor, Evaluate and Assess (MEA)

Die Unterteilung ist eine Weiterentwicklung der in COBIT 4 eingeführten Prozessstruktur. Ein Beispiel für einen „Align, Plan and Organise" Prozess ist „Manage Suppliers". Dieser betrifft jedoch
nicht das Tagesgeschäft, sondern bezieht sich auf die Rahmenbedingungen mit den Zulieferern. Das
Bestreben ist ein Angleichen der Ziele von Geschäftseinheiten mit IT-Einheiten und somit die op-
timale Verwendung der IT. Die „Build, Acquire and Implement" Prozesse, wie zum Beispiel „Manage Changes", befassen sich dagegen mit der Anpassung der IT und deren Implementierung. „Manage Problems", einer der sechs „Deliver, Service and Support"-Prozesse, orientiert sich an der
Ausführung und Durchführung des IT-Systems. Der sich mit der Aktualität des IT-Systems ausei-
nandersetzender und dessen Effektivität beurteilender „Monitor, Evaluate and Assess Compliance
with External Requirements" Prozess wird dem gleichnamigen Bereich zugeordnet. (ISACA 2013)

Der Überbau durch Governanceprozesse, welche ein Rahmenwerk geben, wird einzeln nach folgenden Kategorien aufgegliedert: Evaluate, Direct and Monitor (EDM). Der „Ensure Benefits De-
livery" Prozess ist ein Beispiel anhand welchem zu sehen ist, dass mit Hilfe der Governance die
Bedürfnisse der Stakeholder analysiert werden und anhand einer Priorisierung die Zielvorgaben
erfüllt werden.

Insgesamt werden im Prozessreferenzmodel 37 Prozesse dargestellt. Mittels dieser erfolgt eine ein-
fachere Analyse oder Implementierung im Unternehmen des Anwenders.

2.2.3 ITIL

Ein weiterer Standard, der zur Aufrechterhaltung der IT-Compliance und zur Vereinfachung der IT-
Governance beitragen soll, ist die „Information Technology Infrastructure Library" (ITIL). ITIL
wurde in den Jahren 1989 bis 1995 erstmals entwickelt. Seit 2007 ist Version 3 veröffentlicht. Zunächst von der „Central Communications and Telecommunications Agency" publiziert, ist die Ver-
öffentlichung nun Aufgabe des „Office of Government Commerce". (ITIL 2013) Dieses ist eine
Behörde des Vereinigten Königreichs.

ITIL ist eine Sammlung von „Best Practice" IT-Services und beschreibt die wichtigsten Aufgaben,
Verfahren und Aktivitäten innerhalb einer IT-Organisation (Catlidge et al. 2013). In diesem Zu-

sammenhang bietet ITIL eine Beschreibung von steuernden und auch operativen Maßnahmen in Unternehmen, um die IT serviceorientierter zu gestalten (Stawinski/Stawinski 2011).

Unterschieden wird hierbei in fünf Prozessbereiche:

1. Service Strategy (SS)
2. Service Design (SD)
3. Service Transition (ST)
4. Service Operation (SO)
5. Continual Service Improvement (CSI)

Diese Prozessbereiche decken den gesamten Lebenszyklus des IT-Services ab (Cartlidge et al. 2013). Hierbei beinhaltet der Prozessbereich „Service Strategy" sämtliche Informationen und Prozesse, um eine spezifische Strategie für die Befriedigung der Kundenbedürfnisse zu verfassen. Die Konstruktion spezieller Services auf Grund von spezifischen Anforderungen ist das Aufgabengebiet des „Service Designs". Der nächste Schritt im Lebenszyklus des IT-Services wird durch den „Service Transition" Prozessbereich dargestellt. Hauptaufgabe in diesem Prozessbereich ist die Implementierung des Services, der im Service Design fertiggestellt wurde. Die ständige Kontrolle, der Support und der Kundenservice werden unter dem Bereich „Service Operation" zusammengefasst. Auch das Lösen von Stüörungen („incidents") wird in diesem Abschnitt des Lebenszyklus vorgenommen. Die kontinuierliche Verbesserung nicht nur der Services, sondern auch aller Prozessbereiche wird im „Continual Service Improvement" verortet. Dieses reagiert auf Änderungen, wie auch auf Verbesserungsvorschläge, die im jeweiligen Unternehmen gemacht werden.

Dem Anwender wird grundsätzlich durch die Implementierung von ITIL die Möglichkeit gegeben, IT-Services mit den Forderungen der Geschäftsbereiche anzugleichen („Alignment").

2.3 Analyse der IT-Compliance hinsichtlich des Wertbeitrages

Die folgenden Kapitel beinhalten eine Analyse verschiedener Umsetzungswerkzeuge der IT-Compliance hinsichtlich ihres Wertbeitrags zum Unternehmenserfolg.

2.3.1 Internes Kontrollsystem

Ein internes Kontrollsystem wird mit Hilfe der genannten Standards implementiert. Dieses beinhaltet Kontrollen zur Compliance und ebenfalls zur Vermeidung von Risiken (Götz et al. 2008). Der de-facto Standard für die Implementierung eines internen Kontrollsystems ist COSO (Klamm/Watson 2009). Dieses unterstützt die Integration eines Internen Kontrollsystems. Ausgerichtet ist COSO an den Grundsätzen: Operation, Reporting und Compliance (Menzies/Engelhaupt 2013). Operation besagt, dass der Geschäftsbetrieb ohne Störungen erfolgen soll. Reporting und Compliance besteht aus dem Produzieren verlässlicher Berichte und der Einhaltung geltender Regelungen. (Janvrin et al. 2012) Der ordnungsgemäße Betrieb des IKS ist abhängig von folgenden vier Prinzipien (Götz et al. 2008):

1. Vieraugenprinzip

2. Funktionstrennungsprinzip

3. Transparenzprinzip

4. Mindestinformationsprinzip

Das Vieraugenprinzip, welches besagt, dass jegliche Kontrollen eine weitere Gegenkontrolle enthalten, ist ein wesentlicher Bestandteil des IKS. Es gilt als präventive Kontrollmaßnahme (Piening et al. 2008) Ein reibungsloser Geschäftsbetrieb wird hauptsächlich durch die Unterteilung von Arbeitsabläufen gewährleistet. Hierbei greift das Funktionstrennungsprinzip, sodass eine Person nicht alle Phasen eines Geschäftsvorfalls alleine bearbeitet (Knoll 2013, DIIR 2013). Das Transparenzprinzip fordert Sollkonzepte für Mitarbeiter, die darüber extern hinsichtlich ihrer Performance analysiert werden können (Götz et al. 2008). Somit wird die Erwartungshaltung der Geschäftsführung möglichst objektiv überprüft. In Bezug auf die Sicherheit gilt das Mindestinformationsprinzip, bei welchem Mitarbeiter nur die Zugänge erhalten sollen, die für deren jeweilige Arbeit benötigt wird (Götz et al. 2008). Diese Zugangsverwaltung spart Ressourcen ein und schützt vor Wirtschaftskriminalität (Götz et al. 2008, DIIR 2013). Hierauf wird in Kapitel 3 noch stärker Bezug genommen.

Die Pflicht ein internes Kontrollsystem einzurichten ergibt sich, wie eingangs erwähnt, für die betroffenen Betriebe durch SOX Section 404, BilMoG sowie auch durch KonTraG (Gesetz zur Kontrolle und Transparenz im Unternehmensbereich) (Hardy 2006, Teubner/Feller 2008). Anhand dieses Beispiels ist ersichtlich, welche IT-Compliance-Anforderungen Unternehmen unter anderem erfüllen müssen. Die Umsetzung der Integration eines Internen Kontrollsystems ist beispielsweise mit Hilfe von COBIT möglich. Bei diesem Implementierungsvorgang entstehen dem Betrieb zunächst hohe Investitionsausgaben. Auch die Aufrechterhaltung der IT-Compliance, insbesondere des internen Kontrollsystems, verursachen erhöhte Kosten (Böhm 2008). Weitere Aufwendungen können entstehen, zusätzlich durch einen Gesetzesverstoß, der mit Strafen sanktioniert wird. Dadurch kann es auch zu einem öffentlichen Reputationsverlust kommen.

2.3.2 Wertbeitrag und Relevanz von richtiger IT-Governance

Sämtliche Kosten sollten jedoch Investitionscharakter haben, sodass sich ein Wertbeitrag einstellt, wobei sich dieser aus der Profitabilitäts-, Produktivitäts- und Qualitätssteigerung zusammensetzt und negative Effekte verhindert (Lang et al. 2011, Böhm 2008). Ein genereller Wertbeitrag zum Unternehmenserfolg wird erreicht, wenn IT-Governance und im speziellen IT-Compliance als Thema im Management Board aufgenommen wird. Hierdurch wird ein Verständnis auf Geschäfts-führungsebene erreicht, auch im Hinblick auf weiterreichende Investitionen, welche über die eigent-lichen IT-Compliance-Kosten hinausgehen. (Kerr/Murthy 2013, Hardy 2006, Lunardi et al. 2013, Müller/Terzidis 2008, Teubner/Feller 2008) Das IT Governance Institut (ITGI) hat dies in ihrem 2004 veröffentlichten IT Governance Global Status Report bestätigt, wobei 335 CEOs und CIOs weltweit befragt wurden (ITGI 2004). Die Studie verzeichnet eine positive Korrelation zwischen Effektivität der IT-Governance mit der Häufigkeit des Themas IT auf der Tagesordnung des Ma-nagement Boards. Auch der IT Governance Global Status Report 2011 bestätigt diese Annahme. Indem 80% der Befragten, deren CIO Mitglied der Geschäftsführung ist, der Meinung waren, dass die Unternehmens-IT-Abteilung Eigeninitiative zeigt. Bei der Erläuterung wird deutlich differen-ziert zwischen IT-Abteilungen, die strikt nach Anforderungen durch Geschäftseinheiten arbeiten und solche, die eigeninitiativ Probleme suchen und Anregungen bezüglich des Erreichens von stra-tegischen Zielen geben. Die eigeninitiativarbeitenden IT-Abteilungen sind somit effektiver beim Beitrag zum Unternehmenserfolg (ITGI 2011).

Nach dem Ersterreichen einer IT-Compliance sind weiterreichende Investitionen durchzuführen. Dies ergibt sich einerseits aus der Notwendigkeit, dass weiterhin Kontrollen („Audits") vorgenom-men werden und die Anforderungen teilweise bestehen bleiben und andererseits Änderungen der Prozessstruktur, welche schon stattfanden, nachteilige Effekte auf das Unternehmen haben würden. Eine ständige Überwachung der IT-Compliance ist somit relevant für Qualitäts- und Produktivitäts-sicherung. (Böhm 2008)

Die Sicherstellung der IT-Compliance kann mit Hilfe einer Automatisierung der Kontrollprozesse gelöst werden (Sackmann 2008) und zusätzlich durch regelmäßige interne Audits (Ponemon Institut/Tripwire 2011). Eine Automatisierung von Kontrollprozessen wird anhand des Beispiels von logischen Zugriffsberechtigungen ersichtlich. Eine Automatisierung in diesem Zusammenhang ist beispielsweise eine monatliche Prüfung der aktuellen Mitarbeiterliste. Hierbei werden nach der Kontrolle ausgeschiedenen Mitarbeitern die Zugriffsberechtigungen entzogen. Eine Automatisierung von Kontrollen scheint nur von 5% der Unternehmen durchgeführt zu werden. Dies ergab eine Befragung des Ponemon Institut in Zusammenarbeit mit Tripwire, von über 200 Unternehmen weltweit(Ponemon Institut/Tripwire 2011).

Der „Sarbanes-Oxley Compliance Survey" von 2010 stellt fest, dass 21% der befragten Personen von mehr als 400 Befragten automatisierte Kontrollen implementiert haben (Protiviti 2010). Beide Studienverfasser sehen hierin eine Möglichkeit weiterhin Kosten einzusparen und einen Wertbeitrag zu liefern (Protiviti 2010, Ponemon Institut/Tripwire 2011). Eine Automatisierung der Kontrollen scheinen 78% der Befragten laut Protiviti für die nächsten Jahre auch zu planen.

2.3.3 Wertbeitrag durch COBIT

Eine Standardisierung der Prozesse und Kontrollen ist beispielsweise mittels ITIL und COBIT möglich (Stawinski/Stawinski 2011). Mit der Implementierung von COBIT hat ein Unternehmen die Möglichkeit, strategische Ziele der Geschäftsführung in operationelle Ziele auf Prozessebene abzubilden. Dies erfolgt mit Hilfe des Konzepts der „Goals Cascade". Nach der Anpassung an den jeweiligen Betrieb beinhaltet diese eine priorisierte Liste von Unternehmenszielen, unterteilt in Finanzen, Kunden, Intern, Lernen & Wachstum. Somit können die zunächst wichtigsten Ziele des Unternehmens auf Prozessebene frühzeitig umgesetzt werden und schließlich mit dem Measurement Tool „Balanced Scorecard Analysis" überprüft werden (De Haes et al. 2013). Dieses ist eine Alternative zu der üblichen „Return on Investment" (ROI) Analyse, welche sich rein auf finanzielle Indikatoren beschränkt. Die „Balanced Scorecard" Analyse stellt Ergebnis-Überprüfung auf Prozesslevel und Prozessoutputlevel zur Verfügung. Der sich daraus ergebene Wertbeitrag ist ein Prinzip von COBIT 5, das mit „Meeting Stakeholder Needs" verankert ist. (De Haes et al. 2013, ISACA 2013) Die in der „Goals Cascade" enthaltenen Bedürfnisse werden folglich schnell umgesetzt (ISACA 2013). Speziell im Bereich der Finanzberichterstattung besteht die Möglichkeit auf eine priorisierte Liste von Prozessen zurückzugreifen, welche das Ergebnis einer Studie von Kerr und Murthy aus dem Jahr 2013 ist. In dieser wird das Verhältnis zwischen Finanzberichterstattung und COBIT Prozessen erforscht. Die 189 weltweit Befragten haben von den 34 Prozessen, welche COBIT 4 beinhaltet, die ihrer Meinung nach relevantesten Prozesse für die Finanzberichterstattung ausgewählt. Es wird, um Kosten einzusparen, dem Management empfohlen, sich zunächst auf die höchstpriorisierten Prozesse zu fokussieren und diese als erstes zu implementieren. (Kerr/Murthy 2013)

Ein weiteres Beispiel in COBIT, welches bei der Umsetzung einen Wertbeitrag zum Unternehmenserfolg leistet, ist der Grundsatz „Enabling a Holistic Approach". Mit diesem Ansatz kann das Unternehmen aus einem anderen Blickwinkel betrachtet werden. Hierbei zieht es Prozesse, Organisationsstrukturen und die Mitarbeiter in Betracht. (De Haes et al. 2013) Dieses Prinzip beinhaltet, dass möglichst zentral, beispielsweise ein Compliance Office installiert wird, welches die IT-Compliance nicht nur überprüft, sondern auch koordiniert. Dieses kann auch, bei Beachtung der Funktionstrennung, verschiedene Projekte zum Thema IT-Compliance managen. (Böhm 2008) In diesem Zusammenhang ist es ebenfalls sinnvoll, Vorgaben (Gesetze) und Direktiven hinsichtlich der Anforderungen zu konsolidieren. Dies erfolgt auf Grund der Tatsache, dass sich verschiedene Direktiven überschneiden und somit bei der Umsetzung zwei Controls mit der gleichen Aufgabe erschaffen würden. Weiterhin besteht die Gefahr, dass verschiedene Abteilungen parallel ähnliche IT-Compliance-Projekte starten und es Interessenunterschiede hinsichtlich der Budgets und der Relevanz der Projekte gibt. (Gigerl et al. 2007)

Mit der Konsolidierung der Direktiven und Vorgaben sollte in den Unternehmen auch eine Zusammenfassung der Standards erfolgen. Ein IT-Governance-Standard, der dies ermöglicht, ist COBIT. (Hardy 2006, Gigerl et al. 2007, Wilkin et al. 2013, ITGI 2008) „Applying a Single Integrated Framework" ist der Grundsatz, mit welchem die ISACA verdeutlicht, dass COBIT als IT-Governance und IT-Management-Standard andere Standards und Direktiven vereint (ISACA 2013, De Haes et al. 2013, ITGI 2008). Verschiedene „Case studys" und Studien belegen diesen Anspruch. Eine Studie von Wilkin et al. Aus dem Jahr 2013 zeigt dies anhand des australischen Ministeriums für Bildung, Arbeit und Arbeitsplatzbeziehung (Department of Education, Employment and Workplace Realtions). Es wird erforscht, inwieweit ein Wertbeitrag in einer Multifirmumgebung durch drei verschiedene Standards der ISACA, unter anderem COBIT 5, geliefert werden kann. Dieser Wertbeitrag ist definiert als Beitrag für alle Stakeholder, „co-creating value". Eines der Ergebnisse bezieht sich auf die Integration von serviceorientierten Konzepten. Diese können gut integriert werden, jedoch wird kritisiert, dass Richtungsweisungen für die serviceorientierten Konzepte von Bedarf sind. (Wilkin et al. 2013) Zum anderen wurden COBIT als IT-Governance-Standard in den Unternehmen Unisys, Altana Pharma mit Erfolg integriert.

2.3.4 Wertbeitrag durch ITIL

ITIL, als serviceorientierter Standard, ist ein besonderes Beispiel, welches von COBIT integriert werden kann. Hierbei hat das IT Governance Institut speziell herausgearbeitet, an welchen Stellen ITIL im COBIT Standard zum Einsatz kommen kann. (ITGI 2008) In diesem Zusammenhang bildet ITIL als Sammlung von „Best-Practices" genau ab, wie Prozesse umgesetzt werden können. ITIL leistet somit ebenfalls einen Wertbeitrag zum Unternehmenserfolg und kann sogar Wettbewerbsvorteile generieren. (Spremic et al. 2008, Marrone/Kolbe 2011)

ITIL verfügt in seiner Grobstruktur über 5 verschiedene Prozessbereiche. Das „Incident Management", welches in der „Service Operation" zu verorten ist, wird auf Grund seiner Relevanz nun näher betrachtet. Das „Incident Management" ist ein wesentlicher Bestandteil von ITIL, um negative Einwirkungen auf den Geschäftsbetrieb zu verhindern (ITIL 2013). Ein „Incident" ist hierbei jedes Ereignis, welches nicht Teil der normalen Geschäftätigkeit ist und diese hinsichtlich ihrer Qualität mindert oder generell stört (Forte 2007). Zentral im „Service Operation" steht das Konzept des „Service Desk". Dieses ist Schnittstelle zwischen Dienstleister („Provider") und Nutzer („User"). (Yamakawa et al. 2012) Das Service Desk ist für die Aufnahme von Incidents verantwortlich. Es koordiniert diese und priorisiert anhand von Dringlichkeit und Grad. (ITIL 2013) Der ohne Störungen ablaufende Geschäftsbetrieb ist der Wertbeitrag, den das „Incident Management" leistet (Golden 2007). Außerdem schützt das Incident vor Sicherheitslücken, welche im Kapitel 3 noch näher erläutert werden.

2.3.5 Wertbeitrag durch Dokumentationspflicht

IT-Services werden anhand der Anforderungen, welche an sie gestellt werden, mittels ITIL definiert. Diese sind in sogenannten „Service Level Agreements" (SLAs) niedergeschrieben. Mit Hilfe dieser Vereinbarungen zum Erbringen bestimmter Leistungen kann ebenfalls in verschiedene Service-Level differenziert werden (Stawinski/Stawinski 2011). Hieraus ist auch die Dokumentationspflicht ersichtlich, welche von den Unternehmen auf Grund gesetzlicher Vorgaben erfüllt werden müssen (Schäfer et al. 2008). Ein Beispiel hierfür sind die „Grundsätze zum Datenzugriff und zur Prüfbarkeit digitaler Unterlagen" (GDPdU). Die Dokumentationspflicht liefert ebenfalls einen Wertbeitrag. Aus dem Beschäftigungswechsel ergibt sich, dass ein Mitarbeiter beispielsweise bei der Implementierung eines internen Kontrollsystems viele Verantwortlichkeiten besitzt, aber nachdem das Projekt abgeschlossen ist das Unternehmen verlässt. Mit der Einstellung der neuen Fachkraft im Bereich des internen Kontrollsystems, bringt diese ebenfalls eine berufsspezifische Erfahrung mit. Jedoch fehlt das unternehmensspezifische Wissen, welches der ausgeschieden Mitarbeiter im Verlauf der Implementierung erworben hat. Falls nun keine Dokumentationspflicht bestehen würde, müsste sich dieser Mitarbeiter nun das unternehmensspezifische Wissen selbst aneignen. Dieser Vorgang würde einen großen Anteil seiner Arbeitszeit in Anspruch nehmen. Mit der Dokumentationspflicht verringert sich der zeitliche Aufwand hinsichtlich der Einarbeitung, da nun die spezifischen Unterlagen bereitstehen. Es gibt sich hinsichtlich der Zeitersparnis, sowie auch der Kostenersparnis ein Wertbeitrag. Weiterhin dient die Dokumentationspflicht ebenfalls auch als Best-Practice bei wiederkehrenden Störfällen („Incidents"), welche möglicherweise mit einem ähnlichen Lösungsansatz gelöst werden können oder auch im Zusammenhang mit Haftungsfragen (Datenschutzbeauftragter-Info 2013).

2.4   Fazit

IT-Compliance bindet viele Ressourcen, ob personell oder finanziell. Jedoch wurde im Verlauf des Kapitels gezeigt, dass ein Wertbeitrag zum Unternehmenserfolg geleistet wird. Gute IT-Governance, das heißt eine Verankerung auf Geschäftsführungsebene und einen eigeninitiativarbeitende IT-Abteilung, tragen dazu bei. Mittels dieser Maßnahmen ist eine effizientere Arbeit der IT-Abteilung möglich.

Die gebundenen Ressourcen besitzen ebenfalls Investitionscharakter, jedoch nur bei korrekter Umsetzung. Hierbei wurde der positive Effekt erläutert, der mit der weiteren Investition nach Ersterreichen der IT-Compliance zusammenhängt. Dies betrifft vor allem die Umsetzung verschiedener Standards, die am Beispiel von COBIT und ITIL erläutert wurden. Die Implementierung dieser Standards erfolgt zunächst individuell angepasst an das jeweilige Unternehmen. Einen Wertbeitrag leisten dabei zum einen die „Goals Cascade", die zentrale Koordination von IT-Compliance und die Konsolidierung der Direktiven. Die „Goals Cascade" ist eine priorisierte Liste der Anforderungen durch die Stakeholder, hierbei kann eine mit Vorrang behandelte Strategieumsetzung einen Wertbeitrag leisten. Die zentrale Koordination, welche mit der Implementierung von COBIT erfolgt, bedeutet einen Produktivitätsgewinn und eine Qualitätssteigerung für den Betrieb. Weiterhin erleichtert es auch die Konsolidierung der Direktiven. Folglich können auch hierbei Kosten reduziert werden, welche durch die Dopplung von Maßnahmen entstanden wären. Automatisierte Kontrollprozesse haben eine ähnliche Wirkung auf den Unternehmenserfolg.

Auch ITIL liefert als Best-Practice Sammlung einen Wertbeitrag. Dies wurde anhand des Incident Managements herausgestellt, da dieses für den reibungslosen Geschäftsbetrieb hauptssächlich verantwortlich ist. Störfälle werden dabei dokumentiert und direkt bearbeitet. Das Dokumentieren von Geschäftsvorfällen, insbesondere IT-Aktivitäten wird durch die Dokumentationspflicht abgedeckt. In diesem Zusammenhang liefert besonders der unternehmensspezifische Wissenserhalt einen Wertbeitrag. Zusammenfassend wird durch die Einhaltung der Direktiven und Frameworks ein Wertbeitrag zum Unternehmenserfolg geleistet.

3 Gefahr durch Wirtschaftskriminalität

Dieses Kapitel beschäftigt sich mit dem Thema Informationssicherheit in Bezug auf Datensicherheit in Unternehmen. Im Folgenden wird speziell der Sicherheitsaspekt von IT-Compliance-Standards behandelt, dabei wird der Aufbau eines Sicherheitssystems erläutert und Sicherheitsmaßnahmen zum Schutz von Unternehmensdaten vorgestellt.

3.1 Motivation

Nicht erst seit den Datenskandalen der Letzen Jahre[1] schenken Unternehmen dem Thema IT-Compliance im Zusammenhang mit Informationssicherheit immer mehr Aufmerksamkeit. Tatsächlich geschieht diese verstärkte Auseinandersetzung mit dem Thema IT-Compliance nicht nur aus eigenem Interesse an ethischen Unternehmensstandards. In der Finanzbranche, beispielsweise, gibt das MaRisk (Mindestanforderungen an das Risikomanagement, herausgegeben von der Bundesanstalt für Finanzdienstleistung) vor, dass sich das Risikomanagement von Unternehmen in der Finanzbranche an gängigen IT-Compliance-Standards orientieren muss (BaFin 2010). Zum anderen haben Unternehmen Angst vor Haftungsansprüchen, die gegen die Unternehmensleitung oder das Unternehmen, geltend gemacht werden könnten. Diese Angst ist nicht unbegründet, denn die gesetzlichen Regulierungen rund um das Thema IT-Compliance nehmen ständig zu und fordern von den Unternehmen eine immer größere Transparenz und Absicherung gegen bestehende Geschäfts- und Datenrisiken (PWC 2010).

Durch die stetig wachsende Kommunikationstechnologie findet heutzutage in fast jedem Unternehmen elektronische Datenerstellung, -speicherung und ein permanenter Datenaustausch statt (BSI

---

[1] z.B. Call Center der Deutschen Telekom verkauft illegal Kundendaten (FAZ 2013a), Yahoo wurden 450.000 sensible Kundendaten und Passwörter entwendet (Welt 2013)

2013a, Eckert 2012). Hierbei kommt es nicht selten zu einem Austausch von vertraulichen und internen Firmendaten (Knowhow, Kundendaten, Personaldaten) (Eckert 2012). Die verschiedenen Teile dieser Kommunikationskette zu schützen, ist Aufgabe der IT-Compliance. Ihr kommt im Hinblick auf präventive Maßnahmen und frühzeitige Erkennung einer solchen Bedrohung (durch beispielsweise Data Leckage oder Phishing) von firmeninternen Daten eine besondere Rolle zu.

Ob und wie IT-Sicherheit und Informationssicherheit gewährleistet werden kann, ist Thema dieses Kapitels. Insbesondere beschäftigt sich dieser Teil mit einem wirksamen Schutz der Unternehmensdaten vor Wirtschaftskriminalität.

Ziel ist es zu zeigen, dass die Einführung/Einhaltung von IT-Compliance-Standards sinnvoll für Unternehmen ist, da hierdurch z.B.: Kostenreduzierungen, Ausschluss von Haftungsrisiken, Vertrauensbildung beim Kunden oder Steigerung der internen Informationssicherheit gewährleistet werden kann.

Im Folgenden werden zuerst einige Begriffsdefinitionen aufgeführt, die für eine Auseinandersetzung mit der IT-Compliance in Bezug auf die Sicherheit von Unternehmensdaten wichtig sind. Im Anschluss werden die zwei IT-Compliance-Standards die ISO 2700X Normreihe und der IT-Grundschutz vom Bundesamt für Sicherheit in der Informationstechnik (BSI) vorgestellt und deren Ansätze erläutert. Zuletzt wird auf empirische Erhebungen Bezug genommen, wobei die Frage nach der Wirksamkeit von IT-Compliance-Standards beantwortet wird.

Generell soll ein Verständnis für den Aufbau und die Funktion von IT-Compliance-Standards entwickelt und die folgenden Fragen beantwortet werden:

- Bietet IT-Compliance einen wirksamen Schutz von Unternehmensdaten?

- Führt die Einführung eines IT-Compliance-Standards zu einer möglichen Kostenersparnis für Unternehmen?

- Wirkt sich eine kontinuierliche Verbesserung und Erneuerung der Sicherheitsstandards positiv auf die Kundenwahrnehmung bezüglich der Themen Datensicherheit und Vertrauenswürdigkeit aus?

- Was sind Einwände der Unternehmen gegen die Etablierung von IT-Compliance-Standards?

3.2 Grundlagen

Im Folgenden werden einige Begriffe, Richtlinien und Maßnahmen im Sicherheitskontext von IT-Compliance-Standards und Datensicherheit erläutert.

3.2.1 Allgemeine Grundlagen

Unternehmen müssen bei der Verwendung und Verarbeitung von elektronisch gespeicherten Informationen mittels Informationstechnologie gewisse Sicherheitsmaßnahmen berücksichtigen. Der Zustand in dem elektronische Informationen in angemessenem Rahmen durch Maßnahmen geschützt werden, wird als IT-Sicherheit bezeichnet (BSI 2013a). In Abgrenzung dazu steht der Begriff der Informationssicherheit.

Informationssicherheit bedeutet, dass Informationen vor unautorisierter Informationsveränderung oder Informationsgewinnung geschützt werden (Eckert 2012). Dabei ist irrelevant, ob die Informationen auf Papier, in Rechnern oder in den Köpfen gespeichert sind (BSI 2013a). Das Bundesamt für Sicherheit in der Informationstechnologie (BSI) benennt die drei Grundwerte der Informationssicherheit als Vertraulichkeit, Verfügbarkeit und Integrität (BSI 2013a). Die beiden Begriffe IT-Sicherheit und Informationssicherheit werden in der Literatur oft als Synonyme verwendet, da IT-Compliance auch den Mensch als Teil einer Informationskette und als mögliches Angriffsziel von IT-Angriffen betrachtet (Strasser/Wittek 2012).

In Bezug auf Informationssicherheit und der Haftbarkeit in der IT-Compliance gibt es in Deutschland eine Vielzahl von gesetzlichen Vorschriften. Im Folgenden wird speziell auf das Gesetz zur Kontrolle und Transparenz im Unternehmensbereich (KonTraG) eingegangen, da mit dessen Erscheinen eine verantwortungsvolle Unternehmensführung gesetzlich verankert wurde (Reimer/Fiege 2009).

Das KonTraG erschien im Jahr 1998 in Deutschland. Mit diesem Gesetz traten verschieden Änderungen in Gesetzbüchern in Kraft, u.a. im Aktiengesetz und im Handelsgesetzbuch (Kersten et al. 2008). Die wichtigste Änderung durch das KonTraG war die verpflichtende Einführung eines Überwachungssystems in allen börsennotierten deutschen Unternehmen (Weber et al. 1999). Ein solches Überwachungssystem beschäftigt sich vereinfachend gesagt mit der Erkennung, Bewertung und Verminderung von gegenwärtigen und zukünftigen Geschäftsrisiken (Stoneburner et al. 2002). Die Pflicht zur Etablierung eines geeigneten Überwachungssystems liegt bei den Vorstandsmitgliedern. Falls kein Überwachungssystem im Unternehmen etabliert wird, haften im Falle einer Schädigung die Vorstandsmitglieder „gesamtschuldnerisch", d.h. auch mit ihrem eigenen Privatvermögen (Weber et al. 1999)

3.2.2 Zertifizierung von IT-Compliance-Standards

Die meisten der Gesetze und Richtlinien, die sich mit dem Thema Informationssicherheit beschäftigen, fordern von Unternehmen die Implementierung eines Informations-Sicherheits-Management-System (ISMS) oder entsprechende Vorkehrungen zu treffen, die mit einem ISMS vergleichbar sind (Kersten et al. 2008). Meist ist eine konkrete Implementierung in den Gesetzen nur abstrakt vorgegeben oder bezieht sich auf den Einzelfall (Kersten et al. 2008). Die Zertifizierung eines Standards dient deshalb vor allem als Nachweis einer ordnungsgemäßen IT-Compliance-Umsetzung im Unternehmen. Fehlende Zertifizierungen werden beispielsweise bei Ausschreibungen oft als Ausschlusskriterium verwendet (BSI 2009). Die Umsetzung eines IT-Compliance-Standards ist daher für viele Unternehmen auch aus rein geschäftlichem Interesse relevant.

„Erstellt werden diese Zertifikate entweder durch öffentlich-rechtliche Stellen, die hierzu einen gesetzlichen Auftrag haben, oder gleichwertig durch privatrechtliche Stellen, bei denen eine entsprechende Akkreditierung vorhanden sein muss" (Kersten et al. 2008). In Deutschland kann das BSI solch ein Zertifikat ausstellen. Sowohl ISO 2700X als auch der IT-Grundschutz ist bei erfolgreicher Umsetzung der vorgeschriebenen Maßnahmen für ein Unternehmen als IT-Compliance-Standard zertifizierbar (Kersten et al. 2008).

3.2.3 Sicherheitslücken und Wirtschaftskriminalität

In Bezug auf Wirtschaftskriminalität und die Weitergabe von sensiblen Unternehmensdaten wird im Folgenden speziell auf die Begriffe „Data Leakage" und „Phishing" eingegangen, da diese zwei Formen der Beschaffung von sensiblen Firmendaten durch Dritte für Unternehmen höchst risikoreich sind.

Data Leakage ist definiert als „accidental or unintentional distribution of private or sensitive data to an unauthorized entity" (Shabtai et al. 2012). Dabei werden private oder sensible Unternehmensdaten versehentlich an unautorisierte Nutzer weitergegeben. Beispiele für Data Leakage sind: z.B. Angestellte, die ihr Smartphone oder ihren Laptop verlieren, der firmeninterne finanzielle, personelle oder patentierte Daten enthält; Angestellte, die eine E-Mail mit sensiblen Firmendaten an den falschen Empfänger schicken. (Forrester Research 2010). Diese Form der unautorisierten Datenweitergabe stellt für Unternehmen ein großes Problem dar. Es kann zu großen finanziellen Schäden und im schlimmeren Fall auch zu einem öffentlichen Schaden des Firmenwertes kommen, welcher ein Unternehmen nachhaltig schädigen kann (Shabtai et al. 2012).

Data Phishing dagegen ist keine fahrlässige Form der Datenweitergabe, sondern stellt die illegale Beschaffung von Daten dar. Phishing ist der Akt, sich durch den Einsatz rechtswidriger Webseiten auf betrügerische Art und Weise Zugang zu sensiblen Unternehmen- und Nutzerdaten (z.B. Zugangsdaten, Passwörter, Kreditkartennummern) zu verschaffen (Jakobsson/Myers 2007).

Beispiel für Phishing: Ein Online-Banking-Nutzer wird beim Öffnen einer E-Mail zu einer Webseite weitergeleitet. Das Erscheinungsbild dieser Webseite ist der Originalwebseite, wie etwa einer Online-Banking-Webseite, nachgeahmt. Dort wird der Nutzer dazu aufgefordert (oft auch unter Androhung von erheblichen Konsequenzen) seine Kontozugangsdaten einzutragen. Die eingetragenen Nutzerdaten werden an den Ersteller der illegalen Webseite weitergeleitet und ermöglichen Dritten Zugriff zum Konto des Online-Banking-Nutzers (Speichert 2007).

3.3 IT-Compliance Standards

Die Anzahl der IT-Compliance-Standards ist sehr umfangreich, daher wird sich in dieser Seminararbeit auf eine Auswahl der gängigsten IT-Compliance-Standards beschränkt. Es wird ein komprimierter Einblick in ausgewählte IT-Compliance-Standards gegeben, um somit einen allgemeinen Überblick für das Thema IT-Compliance zu schaffen.

Die beiden IT-Compliance-Standards ISO 2700X und der IT-Grundschutz des BSI werden im Folgenden erläutert. Der IT-Grundschutz stellt in diesem Zusammenhang einen deutschen IT-Compliance-Standard dar, wohingegen ISO 2700X ein international ausgerichteter Standard ist (Kersten et al. 2008).

Ziel beider IT-Compliance-Standards ist die Implementierung eines ISMS im Unternehmen (Kilian 2007). Beide Standards unterscheiden sich jedoch in ihrer Herangehensweise im Aufbau und in der Implementierung eines ISMS (Kilian 2007).

Allgemein bezeichnet ein ISMS die Entwicklung und Etablierung von Prozessen und Verfahren innerhalb eines Unternehmens, die eine dauerhafte Informationssicherheit garantieren soll (BSI 2013a). Das ISMS ist Bestandteil eines umfassenden Management-Systems, das auch andere Aspekte und teilweise das gesamte Unternehmen erfasst. Dieses dient als Instrument zur Identifizierung von Operativen Risiken und Risiken der strategischen Planung (Kersten et al. 2008). Dadurch ist eine schnelle Reaktion durch das Management gewährleistet. Dabei ist das ISMS ein System dessen Strategien, Konzepte und Prozesse ständig überprüft und auf ihre Leistungsfähigkeit und Wirksamkeit getestet werden (BSI 2013a).

3.3.1 International Organization for Standardization (ISO 2700X)

Die ISO 2700X Normreihe entstand aus dem britischen Standard „BS 7799" (Kilian 2006). Diese Normreihe beinhaltet den Aufbau und Betrieb eines ISMS und ist eine Restrukturierung und internationale Standardisierung bereits existierender Standards. Durch diese Standardisierung und Komprimierung der bestehenden IT-Compliance-Standards wurde die praktische Anwendung vereinfacht (Kersten et al. 2008). Im Folgenden betrachten wir die beiden für den Aufbau eines ISMS relevantesten Standards, ISO 27001/27002 aus der ISO 2700X Normreihe.

ISO 27001 Standard beschreibt den Aufbau eines ISMS in Unternehmen (Humphreys 2011). Die prozessorientierte Grundlage bildet dabei der sogenannte „Deming-Kreis" auch bekannt als PDCA-Modell. Der Deming-Kreis (siehe Abbildung 1) entstand in den 50er Jahren und stellt einen in sich geschlossenen Kreislauf aus den vier Teilprozessen (Plan – Do – Check – Act) dar (Kilian 2006, Valdevit et al. 2009).

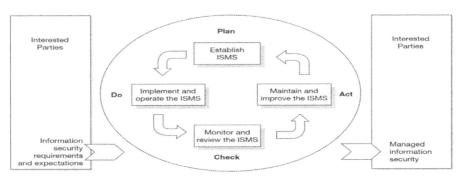

Abbildung 1: Deming-Kreis (Humphreys 2011)

In der Planungsphase (Plan) soll der konzeptionelle Rahmen für ein ISMS entwickelt werden. Grundlage dafür bietet eine Risikoanalyse (Kilian 2006, Humphreys 2011). Auf deren Basis werden Unternehmensrisiken identifiziert und Maßnahmen entwickelt um auf die einzelnen Risiken einzugehen. Ziel ist die Erstellung eines Plans, auf dem Maßnahmen zur Abwehr von identifizierten Risiken gelistet sind. Diese abschließenden Maßnahmen zur Risikoreduktion reichen dabei von einer „Risikoübernahme (=Akzeptanz) über Risikominderung (z.B. durch Sicherheitskonzepte und Notfallpläne) oder Risikoverlagerung (z.B. durch Outsourcing mit verbindlichen Anforderungen des Auftraggebers) bis zu einer Risikovermeidung" (Kilian 2006).

 Bei der darauf folgenden Ausführungsphase (Do) wird versucht, auf Grundlage des Maßnahmen-plans, Vorgaben für das Unternehmen und die Mitarbeiter festzulegen (z.B. Termine, Verantwort-lichkeiten, Ressourcen oder Methoden zur Kontrolle der Wirksamkeit). Parallel sollen Mitarbeiter in den wichtigsten Einzelaspekten geschult werden. Anschließend wird gefordert diese Vorgaben möglichst schnell umzusetzen und das ISMS zu implementieren (Kilian 2006, Valdevit et al. 2009).

Nach der Implementierung des ISMS wird das etablierte System in der Praxis überprüft (Check). In dieser Phase findet die Überwachung und Kontrolle der Wirksamkeit des ISMS statt (Humphreys 2011). Einerseits soll das ISMS auf Fehler und Sicherheitsverletzungen geprüft werden, anderer-seits soll die ursprüngliche Risikoanalyse validiert werden (Kilian 2006).

Nach einer erfolgreichen Prüfung des ISMS dient der letzte Teilprozess (Act) der stetigen Aktuali-sierung und kontinuierlichen Verbesserung des ISMS (Valdevit et al. 2009). Dabei wird auf die Einhaltung der Maßnahmen geachtet. Für eine fortwährende Verbesserung und Aktualisierung kön-nen erneute Risikoanalysen erfolgen. Danach durchläuft das ISMS abermals die zuvor erläuterten Phasen (Kilian 2006).

ISO 27001 beschäftigt sich, wie zuvor gezeigt mit dem theoretischen Aufbau eines ISMS. ISO 27002 dagegen mit der praktischen Implementierung und Umsetzung von Kontrollmaßnahmen. Innerhalb ISO 27002 werden konkrete Sicherheits- und Kontrollmaßnahmen dargestellt. Dieser Standard enthält eine Zusammenstellung von Best-Practice-Informationssicherheitskontrollen, gibt Hinweise zur Implementierung der einzelnen Kontrollmechanismen und stellt einen zu ISO 27001 passenden und unterstützenden Standard dar (Humphreys 2011). Die Geschäftsführung kann auf Basis der Risikoanalyse entscheiden, welche der in ISO 27002 beschriebenen Sicherheitsmaßnahme umgesetzt werden und ob ggf. zusätzliche Regelungen erforderlich sind (Kilian 2007). Die weiteren Standards der ISO 2700X Normreihe beinhalten beispielsweise Hinweise für die Leitung des Risi-komanagement oder beschäftigen sich mit der Messung von Informationssicherheit (Humphreys 2011).

Für Unternehmen, die eine Zertifizierung des ISO 2700X als IT-Compliance-Standard anstreben, reicht eine Umsetzung vereinzelter Sicherheitsmaßnahmen innerhalb des Unternehmens nicht aus. Die Zertifizierung kann nur erfolgen, wenn ein ISMS im Unternehmen etabliert wurde, dessen Si-cherheitsmaßnahmen in sich greifen (Kilian 2007).

3.3.2 IT-Grundschutz

IT-Grundschutz ist der Zustand eines Unternehmens bei erfolgreicher Umsetzung der vom BSI empfohlenen IT-Sicherheitsmaßnahmen, durch die Implementierung eines ISMS (BSI 2013a). Das BSI hat sich in der Vergangenheit darum bemüht seinen IT-Compliance-Standard an die internationalen Standards anzupassen[2]. Zum 1. Januar 2006 veröffentlichte das BSI neue Standards, bestehend aus dem BSI-Standard (100-1 bis 100-4) und dem umfangreicherem Grundschutzkatalog, der detaillierte Maßnahmen zur Kontrolle und Implementierung eines ISMS enthält.

Die einzelnen BSI-Standards enthalten Anforderungen an ein ISMS (100-1), die Vorgehensweise nach IT-Grundschutz (100-2), die Risikoanalyse auf Basis des IT-Grundschutz (100-3) und beschäftigen sich mit dem Notfallmanagement (100-4) (Müller 2011).

Der BSI-Grundschutzkatalog basiert auf einem IT-Grundschutz-Schichtenmodell. Dieses Modell beinhaltet fünf Schichten, die nach Zuständigkeit gegliedert sind (Müller 2011, BSI 2013b). Für jede der Schichten existiert ein sog. Bausteinkatalog. Diese Bausteinkataloge enthalten konkrete Sicherheitsmaßnahmen.

Die einzelnen Bausteinkataloge behandeln folgende Themen und sind durch das Schichtenmodell folgenden Zuständigkeiten zugeordnet (Müller 2011, BSI 2013b):

1. Übergreifende Informationssicherheit: beschäftigt sich mit Grundsatzaufgaben und fällt somit in den Zuständigkeitsbereich der Unternehmensleitung (Bsp. Datenschutz, Notfallmanagement, Archivierung von Daten bis hin zu Mitarbeiterschulungen bezüglich IT-Sicherheit)

2. Sicherheit der Infrastruktur: Bereich der Haustechnik (Bsp. Infrastrukturelle Sicherheit bezüglich Gebäude, Serverräumen, Verkabelung von Netzwerken etc.)

3. Sicherheit der IT-Systeme: Zuständigkeit der Administratoren und Benutzer (Bsp. Sicherheit von Computerprogrammen, Speichersystemen, Druckern, Faxgeräte etc.)

4. Sicherheit in Netzen: Zuständigkeit der Netz- und Systemadministratoren (Bsp. VPN, WLAN etc.)

5. Sicherheit in Anwendungen: Zuständigkeit von Anwendungsverantwortlichen und -betreibern (Bsp. Datenträgeraustausch, E-Mail-Systeme etc.)

---

[2] Das „Grundschutzhandbuch" mit einem Umfang von 3000 Seiten, in dem über 900 verschiedenen Einzelmaßnahmen erläutert werden, existiert in dieser Form nicht mehr (Kilian 01/2007).

Eine erfolgreiche Umsetzung der Anforderungen und Maßnahmen auf Basis der BSI-Standards und des Grundschutzkatalogs bedeutet, dass sich Unternehmen den IT-Grundschutz zertifizieren lassen können. Jedoch sollten die vom BSI detailliert beschriebenen Anforderungen und Maßnahmen genauestens umgesetzt werden (Kersten et al. 2008). Ein zertifizierter IT-Grundschutz beinhaltet auch eine Zertifizierung der internationalen ISO 2700X Normreihe (Kilian 2007). Damit entspricht beim Erwerb einer Zertifizierung die IT-Compliance, des Unternehmens, den deutschen und internationalen Richtlinien in Bezug auf Informationssicherheit.

3.3.3 Gemeinsamkeiten und Unterschiede zwischen ISO 2700X & IT-Grundschutz

Die BSI-Standards entsprechen in etwa der Vorgehensweise des ISO 27001. Der Deming-Kreis wird bei beiden Standards als prozessorientierte Herangehensweise zugrunde gelegt. Zusätzlich verfolgen beide Standards das identische Ziel Informationssicherheit zu gewährleisten.

Die Standards unterscheiden sich in der Durchführung der Risikoanalyse. Diese erfolgt beim Vorgehen nach der ISO 2700X Normreihe bereits in der Planungsphase. Beim Vorgehen nach dem IT-Grundschutz wird die Risikoanalyse pauschal für alle Bausteine vorgenommen, die anschließenden Maßnahmen zur Risikoreduktion basieren auf standardisierten Vorgaben (Kilian 2007).

Ein weiterer Unterschied ist, dass die ISO 2700X Standards es dem Anwender bei der Implementierung überlassen, detaillierte Prozesse und Einzelmaßnahmen auszuwählen, um die vorgegebenen Anforderungen zu erfüllen (Kersten et al. 2008). Der IT-Grundschutz dagegen gibt konkrete Herangehensweisen und Einzelmaßnahmen zwingend vor (Kersten et al. 2008). Abschließend zieht Detlef Kilian den Schluss, dass der IT-Grundschutz durch seine technische Detailtiefe in den beschriebenen Standardsicherheitsmaßnahmen, in der praktischen Umsetzung, einen leichten Vorteil bietet (Kilian 2007). Jedoch wird weiterhin daran gearbeitet beide Standards kompatibler zueinander zu gestalten. (BSI 2009, Kilian 2007).

3.4 Schutz von Unternehmensdaten & Einwände gegen IT-Compliance-Standards

IT-Compliance-Standards dienen zur Verbesserung der Informationssicherheit und sollen Risiken innerhalb eines Unternehmens identifizieren und reduzieren. Unternehmen ziehen einen positiven Nutzen aus einem zertifizierten IT-Compliance-Standard, da die Unternehmen Zugang als Anbieter zu öffentlichen Beschaffungsmärkten erhalten, die Vertrauensbildung beim Kunden gesteigert wird und die Implementierung eines ISMS einen hohen interner Nutzen für die Informationssicherheit stiftet (Kersten et al. 2008). Der negative Aspekt, den viele Unternehmen mit IT-Compliance verbinden, ist der kostenintensive Mehraufwand und zu viel bürokratische Kontrolle (PWC 2010). Es besteht das Risiko, dass der Mehraufwand nicht den späteren Nutzen rechtfertigt.

Unter dem Aspekt Wirtschaftskriminalität dienen IT-Compliance-Standards als Präventionsmaßnahme. Sie stellen in diesem Zusammenhang ein ganzes Bündel aus Maßnahmen dar, wie zum Beispiel ethische Richtlinien, Schulungen, Hinweisgebersysteme, Antikorruptionsprogramme und den Abbau verdeckter Anreize[3] zur Begehung von Wirtschaftsdelikten (PWC 2010).

Heute verfügen 74% der Großunternehmen über ein IT-Compliance-Programm zur Einhaltung gesetzlicher und eigener Regeln (FAZ 2013b, PWC 2013). Vor allem die Verschlüsselung von E-Mails und Telefongesprächen ist ein großer Ansatzpunkt der Informationssicherheit. Es verschlüsseln bereits 37% der Unternehmen ihren E-Mail-Verkehr (zusätzliche 24% überlegen ernsthaft dies zu tun). 21% der Unternehmen verschlüsseln ihre mobil geführten Telefongespräche (weitere 17% planen dies) (FAZ 2013b).

Im Jahr 2012 belief sich die Schadensumme durch Wirtschaftskriminalität in Deutschland auf rund 3,7 Milliarden Euro (Statista 2013a). Jedoch zeigt diese Entwicklung zuletzt einen Abwärtstrend. „Die Wirtschaft ist sicherer geworden. Das ist eine Folge der Compliance-Anstrengungen", sagt ein Rechtswissenschaftler und Kriminologe. Zu demselben Ergebnis kommen auch Studien in Bezug auf Wirtschaftskriminalität (FAZ 2013b, PWC 2013).

2011 gaben 73% der befragten Großunternehmen an (mehr als 600 Befragte) Opfer von Wirtschaftskriminalität zu sein. Im Sommer 2013 waren nur noch 53% derselben Unternehmen dieser Meinung (FAZ 2013b). Unternehmen, die ein IT-Compliance-System besitzen sind seltener Opfer von Wirtschaftskriminalität als solche Unternehmen, die keines besitzen (PWC 2010, PWC 2013).

Die Problematik des Data Leakage lässt sich durch einen geschulten Umgang mit IT-Compliance-Standards und die Etablierung geeigneter Maßnahmen reduzieren (Shabtai et al. 2012). Beim Phishing hingegen lässt sich kein deutlicher Rückgang verzeichnen, da sich nicht nur die technischen Sicherheitsmaßnahmen verbessern, sondern auch die Möglichkeiten der IT-Angriffe ausgefeilter werden (Reiner 2007, Statista.de 2013b). Dennoch sind auch in diesem Zusammenhang Unternehmen, die ein IT-Compliance System besitzen weniger häufig betroffen als vergleichbare Un-

---

[3] z.B. in Verträgen

ternehmen ohne IT-Compliance System (PWC 2013). Die Tatsache, dass IT-Compliance zur Prävention von Informationssicherheit von steigender Bedeutung ist, scheint bei den meisten Großunternehmen schon angekommen zu sein. So gehen 97% der Befragten, die verantwortlich für Kriminalprävention in Großunternehmen sind, von einer steigenden Bedeutung der IT-Compliance aus (Statista 2013c). Und tatsächlich ist in Großunternehmen auch ein Anstieg der Präventionsmaßnahmen in Bezug auf Wirtschaftskriminalität zu verzeichnen (Statista 2013d).

Kleine und mittelständige Unternehmen hingegen sind noch oft von den bestehenden gesetzlichen Vorschriften und Richtlinien ausgenommen, daher ist die Etablierung von IT-Compliance-Standards in diesen Unternehmen weniger weit verbreitet. Das bestehende Risiko für die Informationssicherheit wird von Unternehmen im Bereich der kleinen und mittelständigen Unternehmen oft unterschätzt. Bis zu 74% dieser Unternehmen besitzen kein zertifiziertes IT-Compliance System und planen auch nicht eines in nächster Zeit zu implementieren (Statista 2013e). Auch trifft die zu geringe Risikoeinschätzung häufig auf Unternehmen zu, die bislang noch nicht von Wirtschaftskriminalität betroffen waren. So denkt die Hälfte, der bereits betroffenen deutschen Großunternehmen, dass zu geringe Vorsichtsmaßnahmen der Grund für Wirtschafts- und Industriespionage sind. Von den noch nicht betroffenen Unternehmen sind nur 25% dieser Meinung (Statista 2013f).

3.5 Fazit

Fakt ist, dass auf dem Gebiet der IT-Compliance die gesetzlichen Anforderungen und Richtlinien ständig erweitert werden. In Zukunft werden viele Unternehmen, wenn nicht freiwillig, dann durch gesetzliche Regelungen dazu gezwungen sein, sich mit dem Thema IT-Compliance auseinanderzusetzen. Unabhängig von gesetzlichen Regelungen entsteht durch steigende Transparenz bei Geschäftspartnern und Kunden die Forderung nach zertifizierter Informationssicherheit. Dieser Forderung können sich die Unternehmen immer weniger entziehen. Eine freiwillige Implementierung ist jedoch mit zusätzlichen Kosten und Arbeitsaufwand verbunden. Der Standard muss auf das Unternehmen ausgerichtet werden, damit die Abwehrmechanismen und Sicherheitsmaßnahmen wirksam in sich greifen können. Insbesondere mittelständige und kleine Unternehmen vertreten die Meinung, dass die Kosten und Anstrengungen, die mit der Etablierung eines IT-Compliance-Standards verbunden sind, den Nutzen für die Informationssicherheit und Risikoreduzierung nicht rechtfertigen.

Trotz der Zweifel kann sich der Mehraufwand für die Implementierung eines Standards unter Kosten und Nutzenaspekten auszahlen. In der Ausgestaltung ist darauf zu achten, dass die implementierten Prozesse und Maßnahmen unternehmensspezifisch ausgerichtet werden. Die empirischen

Studien zeigen, dass IT-Compliance-Standards einen wirksamen Schutz von Unternehmensdaten darstellen. Dabei kann ein Standard auch als Präventivmaßnahme vor Wirtschaftskriminalität schützen. Außerdem kann die freiwillige Implementierung eines Standards dem Unternehmen mögliche Haftungskosten ersparen und schafft zusätzliches Vertrauen bei den Kunden.

4   Zusammenfassung

Der erste Teil der Seminararbeit beinhaltet eine Analyse der IT-Compliance hinsichtlich ihres Wertbeitrages zum Unternehmenserfolg. Dabei wird die Verankerung der IT-Governance auf Geschäftsleitungsebene als Wertbeitrag identifiziert. Weiterhin liefern auch COBIT und ITIL, als Beispiele der IT-Compliance-Standards, positive Effekte für den Betriebserfolg. Das Interne Kontrollsystem und insbesondere die Dokumentationspflicht werden in diesem Zusammenhang ebenfalls als wertbeitragende Elemente gedeutet. Wissenserhalt und das Vermeiden von Problemen beim Geschäftsbetrieb sind hierbei Indikatoren der Unternehmensprofitabilität.

Im zweiten Teil wird ersichtlich, dass IT-Compliance-Standards zur Verbesserung der Informationssicherheit innerhalb eines Unternehmens dienen. Die IT-Compliance-Standards garantieren zwar keinen 100% Schutz vor Wirtschaftskriminalität, jedoch reduziert die Implementierung eines ISMS das Risiko betroffen zu sein. Zusätzlich wird ein hoher interner Nutzen bezüglich Informationssicherheit gewährleistet. Die Zertifizierung des IT-Compliance-Standards ermöglicht dem Unternehmen als Anbieter Zugang zu öffentlichen Beschaffungsmärkten und führt zu einer erhöhten Vertrauensbildung bei Kunden und Geschäftspartnern. Trotz der Vorteile scheuen viele kleinere Unternehmen, die nicht gesetzlich dazu verpflichtet sind, die Implementierung eines IT-Compliance-Standards. Sie befürchten die Kosten könnten ausufern und der zusätzliche Aufwand würde den späteren Nutzen nicht rechtfertigen.

Zusammenfassend ist festzuhalten, dass Unternehmen durch gesetzliche Vorgaben zur Implementierung verschiedener Maßnahmen gezwungen sind. Dennoch kann aus den Investitionskosten und dem entsprechenden Mehraufwand ein positiver Wertbeitrag entstehen. Dieser besteht zum einen aus Kostenersparnissen durch Effizienzsteigerung, zum anderen aus einem wirksamen Schutz von Unternehmensdaten. Im normativen Ideal resultieren hieraus eine Steigerung der Wettbewerbsfähigkeit, sowie eine vertrauensvolle Basis für Beziehungen zu Kunden und Geschäftspartnern.

Das Thema IT-Compliance ist ein vielfältiges Forschungsgebiet, welches insbesondere bei der Weiterentwicklung von IT-Compliance-Standards, und im Bereiche der Kompatibilität („Alignment"), noch weitere Forschungsmöglichkeiten bietet.

Literaturverzeichnis

BaFin (2010): http://www.bafin.de/SharedDocs/Downloads/DE/Rundschreiben/dl
_rs_1210_aenderungen_ba.pdf?__blob=publicationFile&v=4 (15.12.2013)

Böhm, M. (2008): IT-Compliance Als Triebkraft von Leistungssteigerung und Wertbeitrag der IT, in: HMD Praxis Der Wirtschaftsinformatik 263, pp. 15–29.

BSI (2009): Informationssicherheit- Ein Vergleich von Standards und Rahmenwerken, https://www.bsi.bund.de/SharedDocs/Downloads/DE/BSI/Grundschutz/ Hilfsmittel/Doku/studie_ueberblick-standards.pdf?__blob=publicationFile (15.12.2013)

BSI (2013a): IT-Grundschutz Katalog, https://www.bsi.bund.de/DE/Themen/IT- Grundschutz/ITGrundschutz/Kataloge/Inhalt/Glossar/glossar_node.html (29.11.2013)

BSI (2013b): IT-Grundschutz-Schichtenmodell, https://www.bsi.bund.de/DE/ Themen/ITGrundschutz/ITGrundschutzSchulung/WebkursITGrundschutz/Modellierung/Schichtenmodell/schichtenmodell node.html (7.12.2013)

Cartlidge, A./Hanna A./Rudd C./Macfarlane I./Windebank J./Rance S. (2007): An Introductory Overview of ITIL® V3, itSMF

Datenschutzbeauftragter info (2013): Dokumentation Im Unternehmen: Durchaus Sinnvoll!, http://www.datenschutzbeauftragter-info.de/dokumentation-im-unternehmen-durchaus-sinnvoll/ (13.12.2013)

De Haes, S./Van Grembergen, W./Debreceny, R. (2013): COBIT 5 and Enterprise Governance of Information Technology: Building Blocks and Research Opportunities, in: Journal of Information Systems 27, pp. 307–324

DIIR (2013): Grundsätze Des Internen Kontrollsystems (IKS), Deutsches Institut Für Interne Revision e.V., http://www.diir.de/arbeitskreise/ak09/pruefungshandbuch/iks/grundsaetze-des-internen-kontrollsystems-iks/ (18.12.2013)

Deutsches Institut für Normung e. V. (2007): Normung Und Damit Zusammenhängende Tätigkeiten – Allgemeine Begriffe DIN EN 45020, 8. Auflage. Berlin, Beuth Verlag

FAZ (2013a): Kriminelle Machenschaften und Datendiebstahl erreicht die Telekom, http://www.faz.net/aktuell/wirtschaft/unternehmen/kriminelle- machenschaften-datendiebstahl-skandal-erreicht-die-telekom-1681595.html (5.12.2013)

Forte, D. (2007): Security Standardization in Incident Management: The ITIL Approach, in: Network Security 2007, pp. 14–16.

Gigerl, T./Unger C./Baumgartner C. (2007): Umsetzung Eines Integrierten IT-Compliance Frameworks am Beispiel ALTANA Pharma, in: Information Management & Consulting 22, pp. 70-77

Glaum, M./Thomaschewski, D./Weber, S. (2006): Auswirkungen des Sarbanes-Oxley Acts auf deutsche Unternehmen: Kosten, Nutzen, Folgen für US-Börsennotierungen 1. Auflage Frankfurt am Main, Dt. Aktieninstitut

Golden, W. (2013): The Practical Value of the IT Infrastructure Library (ITIL) http://www.cio.com/article/print/110156 (13.12.2013)

Götz, B./Köhntopp, F./Mayer, B./Wagner, G. (2008): Einsatz Einer Ganzheitlichen GRC-Softwarelösung, in: HMD Praxis Der Wirtschaftsinformatik 263, pp. 89–98

OECD (2004): OECD Principles of Corporate Governance 2004, http://books.google.com/books?hl=en&lr=&id=4gv-XxGlChMC&oi=fnd&pg=PA11&dq=%22de+gouvernement+d%E2%80%99entreprise+de%22+%22Ministers+in+1999+and+have+since+become+an+international%22+%22governance+component+of+World+Bank/IMF+Reports+on%22+%22investment+institutions+and+pension+funds+acting+in+a%22+&ots=hI0StABJjS&sig=3MLAHTrTg75Dzb5fjuitO3MK-kc (29.11.2013)

Eckert, C. (2012): IT-Sicherheit: Konzepte – Verfahren – Protokolle, 7. Auflage, München, Oldenbourg Verlag

FAZ (2013b): Neue Cloud-Anbieter sind gesucht, in: Frankfurter Allgemeine Zeitung, Nr. 260, 8.Nov. 2013, S. 17

Forrester Research (2010): The Value Of Corporate Secrets - How Compliance And Collaboration Affect Enterprise Perceptions Of Risk, Cambridge

Gutenberg, E. (1990): Einführung in Die Betriebswirtschaftslehre, 1. Auflage, Wiesbaden, Betriebswirtschaftlicher Verlag Dr. Th. Gabler

Hardy, G. (2006): Using IT Governance and COBIT to Deliver Value with IT and Respond to Legal, Regulatory and Compliance Challenges, in: Information Security Technical Report 11 pp. 55–61

Humphreys, E. (2011): Information Security Management System Standards, in: Datenschutz und Datensicherheit – DuD, 1|2011, pp. 7-11

ISACA (2010): The Business Model for Information Security, Rolling Meadows (IL) ISACA, ITGI

ISACA (2013): Cobit 5: A Business Framework for the Governance and Management of Enterprise IT, 1. Auflage, Rolling Meadows (IL), ISACA

ITGI (2003): Board Briefing on IT Governance, 2. Auflage, Rolling Meadows (IL), IT Governance Institute

ITGI (2004): IT Governance Global Status Report, Rolling Meadows (IL), IT Governance Institute

ITGI (2013): Aligning CobiT® 4.1, ITIL® V3 and ISO/IEC 27002 for Business Benefit, 1. Auflage, Rolling Meadows (IL) IT Governance Institute

Jakobsson, M./Myers, S. A. (2007): Phishing and countermeasures: Understanding the increasing problem of identity theft, New York, John Wiley and Sons Inc.

Janvrin, D./Payne, E./Byrnes, P./Schneider, G./Curtis, M. (2012): The Updated COSO Internal Control - Integrated Framework: Recommendations and Opportunities for Future Research, in: Journal of Information Systems 26, pp. 189–213

Kerr, D./Murthy, U. (2013): The Importance of the CobiT Framework IT Processes for Effective Internal Control over Financial Reporting in Organizations: An International Survey, in: Information & Management 50, pp. 590–597

Kersten, H./Reuter, J./Schröder, K. W. (2008): IT-Sicherheitsmanagement nach ISO 27001 und Grundschutz – Der Weg zur Zertifizierung, 1.Auflage, Wiesbaden, Vieweg

Kilian, D. (2006): Einführung in Informationssicherheitsmanagementsysteme (I), in: Datenschutz und Datensicherheit – DuD, 10|2006, pp. 651-654

Kilian, D. (2007): Einführung in Informationssicherheitsmanagementsysteme (II), in: Datenschutz und Datensicherheit – DuD, 01|2007, pp. 49-52

Klamm, B./Weidenmier Watson, M. (2009): SOX 404 Reported Internal Control Weaknesses: A Test of COSO Framework Components and Information Technology, in: Journal of Information Systems 23, pp.1–23.

Klinger, M./Cuske, C. (2008): IT-Governance und Compliance, Interview in: Wirtschaftsinformatik, http://link.springer.com/article/10.1007/s11576-008-0103-4/fulltext.html (07.11.2013)

Klotz, M. (2009): IT-Compliance: Ein Überblick, 1. Auflage, Heidelberg, dpunkt.verlag.

Klotz, M./Dorn, D. (2008): IT-Compliance – Begriff, Umfang Und Relevante Regelwerke, in: HMD Praxis Der Wirtschaftsinformatik 263, pp. 5–14

Knoll, M. (2013): Sicherstellung einer Ordnungsgemäßen IT, in: HMD Praxis Der Wirtschaftsinformatik 289, pp. 6–19

Lang, M./Amberg, M./Goeken, M./Böhm, M./Milicevic, D./Patas, J. (2011): Erfolgsfaktor IT-Management: So Steigern Sie Den Wertbeitrag Ihrer IT, 1. Auflage, Düsseldorf, Symposion Publishing

Lunardi, G./Becker, J./Gastaud Maçada, A./Cunha Dolci, P. (2013): The Impact of Adopting IT Governance on Financial Performance: An Empirical Analysis among Brazilian Firms, in: International Journal of Accounting Information Systems März 2013, pp.1-16

Marrone, M./Kolbe, L. (2010): Uncovering ITIL Claims: IT Executives' Perception on Benefits and Business-IT Alignment, in: Information Systems and E-Business Management 9, pp. 363–380

Menzies, C./Engelmayer, B. (2013): COSO Als Führendes Rahmenwerk Für Interne Kontrollsysteme, in: Kapitalmarktorientierte Rechnungslegung 9, pp. 426–430.

Müller, G./Terzidis, O. (2008): IT-Compliance und IT-Governance in: Wirtschaftsinformatik 50, pp. 341–342

Müller, K. R. (2011): IT-Sicherheit mit System, 4.Auflage, Wiesbaden 2011, Vieweg & Teubner

OGC (2013): What Is ITIL? | ITIL® http://www.itil-officialsite.com/AboutITIL/WhatisITIL.aspx (18.12.2013)

Piening, A./Engelberger, R./Schiller, U./Sallin, B. (2008): Aufbau und Ausgestaltung eines Internen Kontrollsystems (IKS) in mittelgroßen Unternehmen - Ein Alternativer Ansatz, in: Controlling & Management 52, pp. 394–401

Ponemon Institute/Tripwire (2011): True Cost of Compliance Report, http://www.tripwire.com/ponemon-cost-of-compliance/ (19.12.2013)

Protiviti (2010): 2010 Sarbanes-Oxley Compliance Survey, http://www.protiviti.com/en-US/Documents/Surveys/2010-SOX-Compliance-Survey-Protiviti.pdf (19.12.2013)

PWC (2010): Compliance und Unternehmenskultur – Zur aktuellen Situation in deutschen Großunternehmen, PrincewaterhouseCoopers & Martin-Luther-Universität Halle-Wittenberg, Kohlhammer und Waillishauser GmbH

PWC (2013): Wirtschaftskriminalität, http://www.pwc.de/de/risiko-management/wirtschaftskriminalitaet-2013.jhtml (08.12.13)

Reimer, M./Fiege, S. (2009): Perspektiven des Strategischen Controllings, 1.Auflage, Wiesbaden, Gabler Verlag

Reiner, H. (2007): DuD Report, in: Datenschutz und Datensicherheit – DuD, 1|2007, pp.62-70

Sackmann, S. (2008): Automatisierung von Compliance, in: HMD Praxis Der Wirtschaftsinformatik 263, pp. 39–46

Schäfer, G./Strolz, G./Hertweck, D. (2008): I1-Compliance Im Mittelstand, in: HMD Praxis Der Wirtschaftsinformatik 263, pp. 69–77

Shabtai, A./Elovici, Y./Rokach, L. (2012): A Survey of Data Leakage Detection and Prevention Solutions, 1.Auflage, New York, Springer Verlag

Speichert, H. (2007): Praxis des IT-Rechts – Praktische Rechtsfragen der IT-Sicherheit und Internetnutzung, 2.Auflage, Wiesbaden 2007, Vieweg

Spremic, M./Zmirak, Z./Kraljevic, K. (2008): IT and Business Process Performance Management: Case Study of ITIL Implementation in Finance Service Industry, in: Information Technology Interfaces 30th International Conference, pp. 243–250

Statista (2013a): Bundeskriminalamt, veröffentlicht: Okt. 2013 http://de.statista.com /statistik /daten/studie/200605/umfrage/schadenssumme-durch-wirtschaftskriminalitaet-in-deutschland/ (08.12.2013)

Statista (2013b): G Data Software AG, veröffentlicht: Jan. 2013, http://de.statista.com /statistik/daten/studie/193549/umfrage/anzahl-neuer-malware-weltweit/ (08.12.2013)

Statista (2013c): PrincewaterhouseCoopers, Martin-Luther-Universität Halle-Wittenberg, veröffentlicht: Sep. 2009, http://de.statista.com/statistik/daten/studie/70689/umfrage/ auswirkungen-der-wirtschaftskrise-auf-wirtschaftskriminalitaet-2009/ (08.12.2013)

Statista (2013d): PrincewaterhouseCoopers, Martin-Luther-Universität Halle-Wittenberg, veröffentlicht: Sep. 2009, http://de.statista.com/statistik/daten/studie/70685/umfrage /massnahmen-zur-praevention-von-wirtschaftskriminalitaet-2007-2009/ (08.12.2013)

Statista (2013e): Bundesministerium für Wirtschaft und Technologie, veröffentkicht: Dez. 2010, http://de.statista.com/statistik/daten/studie/150923/umfrage/zertifizierung-von-unternehmen-im-bereich-informationssicherheit/ (08.12.2013)

Statista (2013f): PrincewaterhouseCoopers, Martin-Luther-Universität Halle-Wittenberg, veröffentlicht: Sep. 2009, http://de.statista.com/statistik/daten/studie/70642/umfrage/ risikoeinschaetzung-von-unternehmen-in-bezug-auf-wirtschaftsspionage/ (08.12.2013)

Stawinski, M./Stawinski, M. (2011): Effizientes IT-Management in der Finanzdienstleistung: Wie Finanzdienstleister die Referenzmodelle ITIL, CMMI und CObIT sinnvoll einsetzen, in: die Fachzeitschrift für Information Management und Consulting 26, pp. 19–26.

Stoneburner, G./Goguen, A./Feringa, A. (2002): Risk Management Guide for Information Technology Systems - Recommendations of the National Institute of Standards and Technology, Falls Church 2002

Strasser, A./Wittek, M. (2012): IT-Compliance, in: Informatik Spektrum, 2|2012, pp. 39-44, Springer Verlag

Teubner, A./Feller, T. (2008): Informationstechnologie, Governance Und Compliance, in: Wirtschaftsinformatik 50, pp. 400–407

Teuteberg, F. (2013): Compliance, in: Enzyklopädie Der Wirtschaftsinformatik. http://www.enzyklopaedie-der-wirtschaftsinformatik.de/wi-enzyklopaedie/lexikon/daten-wissen/Grundlagen-der-Informationsversorgung/Compliance (10.11.2013)

Valdevit, T./Mayer, N./Barafort, B. (2009): Tailoring ISO/IEC 27001 for SMEs – A Guide to Implement an Information Security Management in Small Settings, in: Software Process Improvement, O´Connor et al., Berlin, Springer Verlag

Weber, J./Weißenberger, B. E./Liekweg, A. (1999): Risk Tracking and Reporting – Unternehmerisches Chancen- und Risikomanagement nach dem KonTraG, 1.Auflage, Vallendar, Wiley-VCH Verlag GmbH & Co. KGaA

Welt (2013): Passwörter von Yahoo Usern gestohlen,
http://www.welt.de/wirtschaft/webwelt/article108279057/450-000-Passwoerter-von-Yahoo-Usern-gestohlen.html (5.12.2013)

Wilkin, C./Campbell, J./Moore, S. /Van Grembergen, W. (2013): Co-Creating Value from IT in a Contracted Public Sector Service Environment: Perspectives on COBIT and Val IT, in: Journal of Information Systems 27, pp. 283–306

Yamakawa, P./Obregón Noriega, C./Novoa Linares, A./Vega Ramírez, W. (2012): Improving ITIL Compliance Using Change Management Practices: A Finance Sector Case Study, in: Business Process Management Journal 18, pp. 1020–1035

www.ingramcontent.com/pod-product-compliance
Lightning Source LLC
LaVergne TN
LVHW042305060326
832902LV00009B/1279